BEI GRIN MACHT SICH IHR
WISSEN BEZAHLT

AF145522

- Wir veröffentlichen Ihre Hausarbeit,
  Bachelor- und Masterarbeit

- Ihr eigenes eBook und Buch -
  weltweit in allen wichtigen Shops

- Verdienen Sie an jedem Verkauf

Jetzt bei www.GRIN.com hochladen
und kostenlos publizieren

Bibliografische Information der Deutschen Nationalbibliothek:

Die Deutsche Bibliothek verzeichnet diese Publikation in der Deutschen National-
bibliografie; detaillierte bibliografische Daten sind im Internet über http://dnb.d-
nb.de/ abrufbar.

Dieses Werk sowie alle darin enthaltenen einzelnen Beiträge und Abbildungen
sind urheberrechtlich geschützt. Jede Verwertung, die nicht ausdrücklich vom
Urheberrechtsschutz zugelassen ist, bedarf der vorherigen Zustimmung des Verla-
ges. Das gilt insbesondere für Vervielfältigungen, Bearbeitungen, Übersetzungen,
Mikroverfilmungen, Auswertungen durch Datenbanken und für die Einspeicherung
und Verarbeitung in elektronische Systeme. Alle Rechte, auch die des auszugsweisen
Nachdrucks, der fotomechanischen Wiedergabe (einschließlich Mikrokopie) sowie
der Auswertung durch Datenbanken oder ähnliche Einrichtungen, vorbehalten.

Impressum:

Copyright © 2016 GRIN Verlag, Open Publishing GmbH
Druck und Bindung: Books on Demand GmbH, Norderstedt Germany
ISBN: 9783668228795

Dieses Buch bei GRIN:

http://www.grin.com/de/e-book/322933/gefahr-durch-fremde-sprachen-anglizismen-
im-gegenwaertigen-sprachgebrauch

Michael Zabudkin

Gefahr durch fremde Sprachen? Anglizismen im gegenwärtigen Sprachgebrauch und der Streit um französische Wörter im siebzehnten Jahrhundert

GRIN Verlag

GRIN - Your knowledge has value

Der GRIN Verlag publiziert seit 1998 wissenschaftliche Arbeiten von Studenten, Hochschullehrern und anderen Akademikern als eBook und gedrucktes Buch. Die Verlagswebsite www.grin.com ist die ideale Plattform zur Veröffentlichung von Hausarbeiten, Abschlussarbeiten, wissenschaftlichen Aufsätzen, Dissertationen und Fachbüchern.

Besuchen Sie uns im Internet:

http://www.grin.com/

http://www.facebook.com/grincom

http://www.twitter.com/grin_com

Hausarbeit

Gefahr durch fremde Sprachen ?

Die gegenwärtige Anglisierungstendenz und der Streit um französische Wörter im 17. Jahrhundert im Vergleich

von: Michael Zabudkin

Inhalt

1. Einleitung 3

2. Englischer Spracheinfluss auf das Deutsche 4

    2.1 Definition: Anglizismus 5

    2.2 Ursachen englischer Spracheinflüsse 7

3. Sprachreformen im 17. Jahrhundert 10

    3.1 Französischer Spracheinfluss auf das Deutsche 11

    3.2 Sprachgesellschaften und die Kritik am französischen Spracheinfluss im 17.Jh. 14

4.Fremdsprachen: Gefahr für die deutsche Sprache oder Weiterentwicklung? 16

    4.1 Fazit 18

1. Einleitung

In andauernden gesellschaftlichen Veränderungen der Kultur, der Gebräuche und vielfältiger Innovationen und Erfindungen, werden Anpassungen in der sprachlichen Entwicklung gefordert. Neue Bezeichnungen zu immer wieder neu erscheinenden Gegenständen, Ideen oder Verfahren, sind unabdingbar zur Differenzierung, sowie präziser Bezeichnung der einzelnen Sachverhalte. Im Laufe der Entwicklung von Sprachen, sind Prozesse des Fremdeinflusses anderer Sprachen, auf beidseitiger Ebene oft beobachtet worden. Gleichermaßen ist auch die deutsche Sprache von Außeneinflüssen geprägt worden, denn im Laufe der Jahrhunderte hat sich die deutsche Sprache stark verändert.

Ursprünglich sind die Wurzeln der deutschen Sprache auf die indogermanischen[1] Sprachen zurückzuführen. Allerdings trennte sich die deutsche Sprache im Mittelalter von den anderen germanischen Sprachen ab.

Bis heute unterliegt die deutsche Sprache weiteren Veränderungen vor allem durch neue Wörter aus Fremdsprachen oder durch Beseitigung von Begriffen aus dem Wortschatz.

Wesentliche Einflüsse stammen aus dem Griechischen, dem Lateinischen, dem Französischen und dem Englischen.

Als Reaktion auf den Sprachwandel reagieren zahlreiche Kritiker, indem sie die Gefahr einer „Überfremdung" ankündigen, bei dem die nationale und kulturelle Wiedererkennbarkeit ihrer eigenen Sprache vor dem Verfall steht. Oft wird dabei von leichtfertigem und überflüssigem Gebrauch von fremden Wörtern gesprochen.

Bekannter Kritiker ist hierfür Walter Krämer: *„Wer nichts zu sagen hat, sagt es auf Englisch."* (**Gefährden Anglizismen die deutsche Sprache?**)

---

1 Quelle: Wikipedia, sowie: http://www.deutschunddeutlich.de/contentLD/GD/GDiv80iIndogermanisch.pdf

Andererseits gibt es auch Meinungen, die für den Sprachwandel stehen. Hierbei ist die Rede von einem natürlichen Prozess des Anpassens, welcher erforderlich ist und keine bleibende Gefahr für die deutsche Sprache bildet.

„Wir müssen akzeptieren, dass es eine ganze Reihe von Wörtern gibt, die der deutsche Wortschatz nicht hergibt."[2]

In dieser Facharbeit werde Ich mich mit der Fragestellung befassen, ob fremdsprachliche Einflüsse eine Gefahr der Verfremdung oder eine Bereicherung des Deutschen bedeuten. Dabei kläre Ich auf über den gegenwärtigen Einfluss des Englischen und den im 17. Jahrhundert französischen Einfluss auf die Sprache und die Meinungen der Gesellschaft.

Dabei werden Gründe für den Einfluss von Anglizismen und französischen Wörtern untersucht und auf deren Auswirkungen eingegangen.

Anschließend werde Ich im letzten Teil englischen und französischen Spracheinfluss vergleichen, Vor- und Nachteile abwägen und mein Fazit zur Frage: „Sprachwandel: Gefahr oder Entwicklung?" geben.

2. Englischer Spracheinfluss auf das Deutsche

„Die Geschichte der deutschen Sprache ist zugleich eine Geschichte der Beeinflussung durch fremde Sprachen." [3],

Englischer Spracheinfluss ist im neben dem Französischen eine vergleichsweise junge Erscheinung. Erst im 19. Jahrhundert begann der starke Einfluss des Englischen auf das Deutsche.Wegen Errungenschaften auf den Gebieten von Kolonien,Wissenschaft, Industrie,Wirtschaft und der Seefahrt, etablierte sich England

---

2   Professor Wilhelm Schellenberg ; http://www.thueringer-allgemeine.de/web/zgt/leben/detail/-/specific/Anglizismen-fuellen-Luecken-in-unserem-Wortschatz-1763599047 15.02.15 / TA...

3   (Seite 1: **Anglizismen im Deutschen: am Beispiel des Nachrichtenmagazins 'Der Spiegel'** von Wenliang Yang)

immer mehr zur politischen Großmacht. Anstelle des Französischen bevorzugte man, um 1900 in Berlin, in den obersten Gesellschaftsschichten, die englische Sprache.

Bis in die heutige Zeit hat sich der Einfluss des Englischen auf die deutsche Sprache stetig gesteigert.

2.1 Definition: Anglizismus

Englische Spracheinflüsse und deren Übernahme in andere Sprachen bezeichnet man als „Anglizismus" (vom mittellateinischen *anglicus*, welches sich als *englisch* übersetzen lässt.). Dabei sind alle englischen Spracheinflüsse aus Amerika, England und aller übrigen englischen Herkunftsländer (Australien,Kanada etc.) gemeint. Es ist möglich, dass ein Anglizismus vom britischen Englisch als *Britizismus* bezeichnet wird, ist sie aus dem Amerikanischen kann die Bezeichnung *Amerikanismus* lauten.

Anglizismen sind vor allem in bestimmten **(Fach-)Jargons** gebräuchlich. Dabei kann der Gebrauch des entnommenen Englischen auf verschiedenen Ebenen eines anderen Sprachsystems erscheinen, wie z.b: der **Artikulation** bei Namen, der **Formenbildung** bei **Konjugationen**, der **Ortographie** oder der **lexikalischen Ebene** bei der vor allem fremde Wörter übernommen werden. Englische Spracheinflüsse betreffen in der deutschen Sprache vor allem die lexikalischen Ebenen, also Einflüsse auf den Wortschatz.

Dabei sind verschiedene Kategorien von „Anglizismen" bekannt, jedoch sind damit hauptsächlich unveränderte bzw. direkt übernommene englische Begriffe gemeint. Wörter wie: *Jeans, Recycling, Sale, Keyboard oder Sex*, sind in der deutschen Gesellschaft allgemein üblich und sind für viele vom Sprachgefühl her, keine Fremdwörter mehr. Im Gegensatz dazu gibt es Wörter wie: *Flatscreen, Rollerblades, Gay,* welche bei den Deutschen stärkere Unstimmigkeiten über die alltägliche Benutzung aufweisen. Diese Begriffe sind Hypothesen zufolge im Prozess der Konventionalisierung. Dies sind Beispiele für übertragene Wörter, aus dem Englischen, ohne weitere Veränderungen oder deutschen Mischeinflüssen. Diesen stehen z.T. **Lehnübersetzungen** und **Lehnübertragungen** gegenüber.

5

Eine **Lehnübersetzung** stellt eine genaue Eins-zu-Eins Nachbildung eines Fremdworts, in der Muttersprache dar:

Geburtenkontrolle (birth-control), Familienplannung (family planning),Gehirnwäsche (brainwashing).

Unter **Lehnübertragungen** werden allerdings **Teillehnübersetzungen**[4] verstanden, welche die Grundbedeutung bzw. die Idee des entnommenen Fremdworts zusammenfasst aber in der Regel nicht die genaue wörtliche Übersetzung wiedergibt: *Wolkenkratzer (skyscraper).*

In der **Formenbildung** wird z.B. die englische Konjugationsform *-ed* gebraucht, ähnlich dem Deutschen *-et,* welches aber so in dieser Form nicht vorkommt. Beispiel: Er *dated,* Sie *printed.* Genauso werden an englische Wörter deutsche Konjugationen, wie *-en* angehängt:

joggen, mailen, dancen, skateboarden.

Beobachtbar sind Veränderungen im Bereich der **Ortographie,** bei der die Verwendung von c statt k, wie etwa *Holocaust, Camera, Chris,* sowie bei **Interpunktionsregeln** bei der die englische Weise vom Setzen von Anführungszeichen ("..." statt „...") benutzt wird.

Oft wird der abwertende Begriff *Denglisch* in Verbindung mit **Scheinanglizismen** gebraucht. Scheinanglizismen markieren Wörter einer nicht-englischen Sprache, welche dennoch den Anschein erwecken, es stamme aus dem Englischen. Vor allem ist das Wort *Handy* als gängiger Begriff für ein Mobiltelefon im Gebrauch vieler Deutschen. Durch die Aussprache kann der Eindruck entstehen, der Name stammt aus dem Englischen, obwohl dies nicht zutrifft. Es ist eher mit dem deutschen *handlich* in Verbindung zu bringen.

Ein Entlehnungsvorgang, ist demnach zusammengefasst eine bestimmte Art von Veränderung der Kommunikationsgewohnheiten eines Individuums, einer Teil-

---

4   Anglizismen in deutschen und französischen Werbeanzeigen von Sabine Kupper S.14

gruppe oder einer ganzen Sprachgemeinschaft. Fremdsprachliche Integrierung in einer anderen Sprache, ist ein langfristiger wiederholbarer Bewusstseinsprozess der Gesellschaft. Daraus folgend zeichnen sich bestimmte Lehnübersetzungen, beim Hörer unbewusst ab, denn die Konfrontation mit Anglizismen ist in der heutigen Gesellschaft unumgänglich. Sie begleiten uns auf den Gebieten der Werbung, der Technik oder des Sports und sind wegen des alltäglichen Gebrauchs für viele Deutsche fast unmerklich. Der quantitative Teil von Anglizismen ist in den letzten 200 Jahren rasant gestiegen.(Die Deutsche Sprache erfuhr stets Einflüsse aus dem Lateinischen, Griechischem, Französischem oder dem Englischen und wird deshalb, von vielen, als eine so genannte „extrovertierte" Sprache verstanden. Dazu zählen zusätzlich noch die Sprachen des Französischen und des Englischen, welche als Symbol des stetigen Wandels europäischen Gedankenguts und dessen Kultur stehen, welche sich im Austausch mit anderen Kulturen und Sprachen befinden.)

2.2 Ursachen englischer Spracheinflüsse

Verbreitet wurde die englische Sprache durch historische, wirtschaftliche, politische und kulturelle Faktoren.[5] Generell verbreitet sich eine Sprache, durch soziale und ökonomische Ursachen.

Es werden zunächst historische und ökonomische, also außersprachliche und damit landesunabhängige Gründe für englische Spracheinflüsse

aufgezählt[6], daraufhin wird auf den gesellschaftlichen Aspekt der Integration von Anglizismen eingegangen.

- Großbritanniens Kolonialismus und Welthandel im 17 Jh.- 19 Jh.
- Entstehung der Weltmacht USA im Laufe des 1. Weltkriegs.
- Übernahme der Errungenschaften der modernen amerikanischen Industrie und Konsumgesellschaft.

---

5 Anglizismen in deutschen und französischen Werbeanzeigen von Sabine Kupper S.17

6 Teile der Tabelle entnommen aus:**Anglizismen in deutschen und französischen Werbeanzeigen: zum Umgang von Deutschen Und Franzosen mit Anglizismen S.18**

- USA als wichtiger Bestandteil wirtschaftlicher Vormachtstellung.
- Große Anzahl an Erfindungen und Innovationen aus den USA.

Der immer stärkere Einfluss von Fremdwörtern beruht insgesamt auf der permanenten Wortschatzerweiterung. Es entsteht immer neuerer Benennungsbedarf, aufgrund von Einführung neuer Gegenstände oder neuer Verfahren. Die Schließung dieser Benennungslücken wird erforderlich, um dem Streben sprachlicher Verdeutlichung und Differenzierung, in vielen Sach- und Fachbereichen nachzugehen. Diese Lücken können durch neue Wortbildungen gefüllt werden, dennoch sind anschauliche und dem spezifischem Bereich zutreffende Wörter gefordert. Oftmals wird die **englische** Sprache, den stilistische Anforderungen, auf internationaler Ebene gerecht.

„[...]wo ein Begriff in der Zielsprache unterlegen wirkt - trockener, umständlicher, ungelenker, nämlich weniger leicht einbindbar […] wird das englische Wort lieber doch gleich so belassen, wie es ist. [...]"[7]

Und genau so ist es so oft vorzufinden, dass wegen der Durchsetzungskraft der englischen Sprache in der Gesellschaft, bestimmte Sachverhalte im Englischen beibehalten werden. Dies kritisiert Walter Krämer in diesem Zitat: „Vor hundert Jahren hat man für neue Dinge, wo auch immer sie herkamen, problemlos deutsche Wörter finden und erfinden können: airplane = Flugzeug, helicopter = Hubschrauber, assembly line = Fließband usw. Aber das scheint sich heute niemand mehr zu trauen."[8]

Es ist klar beobachtbar, dass der Gebrauch von Anglizismen eher bei jungen Leuten festzustellen ist. Oftmals werden in bestimmten Gruppierungen zugehörige *„Slangbegriffe"*, wie z.B.: *Weed, chillen, tight, cool,* genutzt. Ursache ist zum Teil, die Verbreitung amerikanischer Jugendkultur, besonders propagiert in der **Musikszene** sowie vieler **Sozialer Netzwerke.**

Die Vernetzung über das **Internet** verbindet Menschen über den ganzen Globus, dies ermöglicht unkomplizierten Konsum englischer bzw. amerikanischer **Medien.** Vor

---

7 Zitat: Dieter E. Zimmer Deutsch und anders - die Sprache im Modernisierungsfieber. Reinbeck 1998
8 Zitat: Walter Krämer: sich einmischen oder wegschauen

allem das Phänomen **Youtube** und **Facebook** ist für den englischen Einfluss von großer Bedeutung, bei denen viele Amerikaner, durch **Unterhaltungsmedien**, großen Anklang bei Jugendlichen (sowie auch Erwachsenen) finden. Zudem werden immer öfter amerikanische Werte assimiliert. Die Gesellschaft schätzt immer öfter die **Werte** der Freiheit, des Erfolgs, der Modernität und des „amerikanischen Traums ". Kapitalistische Wertvorstellungen von großen Häusern und schnellen Autos sind immer beliebter in der Bevölkerung und besonders bei jungen Leuten.

Noch ein Gebiet bei der die englische Sprache stark zum Ausdruck kommt ist die **Werbesprache**. Der Anteil an Anglizismen in der Werbung ist extrem hoch. Die Sprache soll so wirkungsvoll wie möglich gestaltet werden, dabei greifen Werbeproduzenten gerne auf Fremdwörter zurück, denn diesen wird gewöhnlich eine besondere Klangwirkung zugeschrieben. Dies gilt nicht nur für die „deutsche" Werbung; auch in der finnischen, englischen, französischen und der dänischen Werbesprache ist eine ähnliche Vorliebe für fremdsprachliche Elemente spürbar. [9] Durch psychologische Faktoren in der Werbebranche, wird die Wortwahl nach der Wirkung des Wortes bestimmt, bei denen englische Begriffe eine wichtige Rolle spielen.

Gründe wieso gerade aus dem Englischem entlehnt wird könnten zudem noch sein:

- Englischunterricht in der Schule.
- Verwendungen in gehobenen Schichten (*Audienz,Dinner*).
- Englisch als Weltsprache mit mehr als 1 Milliarde Sprechern.
- Sprachverwandtschaft von Englisch und Deutsch.

Die breite Anzahl von englischen Einflüssen auf das Deutsche, ist enorm und vollzieht sich in verschiedensten Gesellschaftsschichten. Begonnen hat es im 19. Jahrhundert, mit der Maximierung Großbritanniens, als Vorbild für gelungene Kolonisation, Industrie und Welthandel. Heute unterscheidet sich die amerikanische Rolle

---

9   Vgl. Frimann 1977: 13-14 ; Anglizismen in deutschen und französischen Werbeanzeigen von Sabinne Kupper S.81

kaum mehr vom britischen. Die Weltmacht England, wurde seit dem Eingreifen Amerikas in den Ersten Weltkrieg abgelöst.

„Die USA übernimmt Englands Rolle als Weltmacht und Prestige-Nation"[10]. Daher wird zunehmend von der Amerikanisierung des Deutschen gesprochen.

3. Sprachreformen im 17. Jahrhundert

In der Entwicklung der deutschen Sprache spielte früher und heute der Kontakt mit anderen Sprachen eine wichtige Rolle. Bis ins 12. Jahrhundert stand das Deutsche stark unter dem Einfluss des Lateinischen. Aus dem Französischen wurden bereits um 1200 Begriffe übernommen. Im 16. und 17. Jahrhundert wurde der Einfluss des Französischen noch stärker. Wörter wie *Möbel, Mode* und *Adresse* stammen aus dieser Zeit. Nach der **Reformation** und mit der Ausbreitung des Buchdrucks stiegen zunehmend indirekte kulturelle Einflüsse, zum Beispiel über die Literatur. Seit dem 17. Jahrhundert wurde das Französische als Sprache des Adels und der Gebildeten anerkannt.[11] Die Phase ab 1650 wird, als die des **Neuhochdeutschen** bezeichnet. Dieser Ausdruck bezeichnet, ein über den Dialekten stehendes, mit keinem Dialekt identisches Deutsch.[12]

Mit der andeutenden **Aufklärung**, stellte sich Widerwillen gegen die überladene Barocksprache ein, welche für viele Menschen, vor allem für die ungebildeten, unverständlich und mühsam zu lesen war. Der nicht einfache und verschachtelte Barockstil löste sich ab. Es sollte ein flüssigerer, schlichterer und leichterer Stil eingeführt werden. Unter Berücksichtigung antiker Stilmittel über Ästhetisches und normgerechter Sprache, trugen die Grammatiker, welche mit Vernunft, über die Sprachrichtigkeit entschieden, viel dazu bei, die künstliche Literatursprache auszubilden.[13] Da-

---

10 Munske 1980: 668; Anglizismen in deutschen und französischen Werbeanzeigen von Sabinne Kupper S.35

11 Moser, 1969 S.150,Anglizismen in deutschen und französischen Werbeanzeigen von Sabinne Kupper

12 Eggers, Bd.2, 1986, S.248f, Anglizismen in deutschen und französischen Werbeanzeigen von Sabinne Kupper

13 Eggers, Bd.2, 1986, S.250, Anglizismen in deutschen und französischen Werbeanzeigen von Sabinne Kupper

zu gehörte J. G. Schottelius der 1641, die damals bedeutsamste Grammatik der „Teutschen Sprachkunst" einführte.[14] Das Hochdeutsch in der Literatur wurde, durch Grammatiker und Stiltheoretiker genutzt und weitergebildet. Die Aufklärung war verbunden mit großer Wissbegierde, weshalb diese neue, nüchterne Sprachkunst in Form von Zeitschriften oder Romanen in der Bevölkerung verbreitet wurde, welches aber eher dem 18. Jahrhundert zugeordnet werden kann.[15] Die Weiterentwicklung der deutschen Sprache führte zur Gründung von **Sprachgesellschaften**, bei denen das Ziel gesetzt wurde Fremdwörter aus der deutschen lyrischen Sprache vollkommen zu entfernen. Es musste allerdings zum Ende dieser Sprachgesellschaften zugegeben werden, dass der Wortschatz fremder Sprachen, zum Ausdrücken von abstrakten Ideen, zum Teil weiter ausgebildet war. Die aufklärerische Nüchternheit unterschied sich, von der Zeit des „Sturm und Drangs" und der „Romantik", welche durch ein Schwelgen in Gefühlen gekennzeichnet war, bei denen zu Gunsten des authentischen Ausdrucks, des individuellen Erlebens, auf vollständige Sätze verzichtet worden war. Die Literatur der Klassik, zu dessen Vertreter einerseits Goethe und Schiller zählten, war schliesslich geprägt durch Deutlichkeit und Enthaltung.

3.1 Französischer Spracheinfluss auf das Deutsche

Bei französischen Spracheinflüssen auf fremde Sprachen, wird ähnlich englischer Einflüsse der Begriff **Gallizismen**[16] verwendet. Die Definition zum Begriff Gallizismen, ist vergleichbar mit der zu Anglizismen, denn jegliche Kategorien von Spracheinflüssen wie z.B.: der Lehnübersetzungen oder der Lehnübertragungen, sind genauso beim französischen Spracheinfluss vorhanden. Diese unterscheiden sich jedoch, ausgehend von der indogermanischen Sprachherkunft. So stammen aus der Zeit des 16. und 17. Jh. die ersten deutschen Verben die mit „-ieren" enden, wie z.B.: *engagieren, revanchieren* oder *arrangieren*. Zusammenfassend sind dies übernomme

---

14 Eggers, Bd.2, 1986, S.37, Anglizismen in deutschen und französischen Werbeanzeigen von Sabinne Kupper

15 https://de.wikipedia.org/wiki/Aufkl%C3%A4rung_(Literatur)

16 https://de.wikipedia.org/wiki/Gallizismus

Spracheinheiten, aus dem Französischen. Dennoch ist es nicht immer leicht herauszufinden, welche Wortherkunft ein Wort aufweist. Mit diesem Forschungsgebiet beschäftigt sich die **Etymologie**, welche sich mit historischen Hintergründen, bestimmter lexikalischer Einheiten einer Sprache auseinandersetzt.

Seine bei weitem stärkste Auswirkung hatte der frz. Einfluss auf den dt. Wortschatz. In viel geringerem Maße hingegen ist die Lautlehre, also die Artikulation von Wörtern betroffen.[17] Außerdem hat Frankreich indirekt auf die Verschriftungen des Deutschen eingewirkt und zwar sowohl auf die christlich-lateinische Schrift im 8-9 Jh. als auch auf die jüdisch-hebräische im 13-14 Jh.[18] Auch die Verwendung des Deutschen statt dem Lateinischem als Urkundensprache seit dem 13-14 Jahrhundert und später auch als Sprache der Philosophie, Mathematik und Naturwissenschaften, hatte französische Vorbilder. Zusätzlich ist der Fortschritt der Kriegstechnik bedeutend. Als Langzeitnachwirkung der Erfindung des Schießpulvers entwertete dies, gegen Ende des 15. Jahrhunderts den schwer gepanzerten Ritter, so nannte sich manch ein Ritter *„schevalier"*.[19] Während die Mundarten längst der Sprachgrenze in dauernden Kontakt mit verschiedenen Formen des Französischen stehen und infolgedessen ständig Lehngut aufnehmen (aber auch manches wieder verlieren), ohne dass eine nennenswerte Aussendung dessen zum Hinterland Richtung Osten hin erfolgt, erfassen die Entlehnungswellen, welche mit dem kulturellem Vorrang Frankreichs im Zusammenhang stehen, mehr oder weniger gleichmäßig das gesamte deutsche Sprachgebiet. Dies ist darauf zurückzuführen, dass im 17. Jahrhundert Frankreich zum Vorbild europäischen Adels aufstieg. Schon im Mittelalter gibt es Hinweise, dass an den europäischen Höfen vor allem Französisch gesprochen wurde. Nicht umsonst nehmen viele Menschen, französische Ausdrücke im Deutschen, als etwas höfisches, vornehmes, vielleicht auch als etwas leicht anzügliches wahr. Kaiser Karl

---

17 Sprachgeschichte HSK 2.1, Helmut Lüdtke S.869 ff.

18 Sprachgeschichte HSK 2.1, Helmut Lüdtke S.869 ff.

19 https://gordonsblog.wordpress.com/2008/10/29/die-entstehung-und-entwicklung-der-deutschen-sprache/
   Sprachgeschichte HSK 2.1, Helmut Lüdtke S.869-870

V. (1500-1558) soll im Scherz gesagt haben, er rede nur mit seinen Soldaten und seinen Pferden Deutsch.[20] Vor allem zu beachten, ist der besonders intensive Einfluss des Französischen auf das Deutsche im 17. Jahrhundert. Zu Anfang des 17. Jh. setzte der frz. Einfluss im Wortschatz, zur Bezeichnung höfischer und galanter Lebensweise verstärkt ein, dieser wurde auch als Alamodewesen[21] signifiziert. An sprachkulturellen Erscheinungen ist das *Ihr*-zen, d.h. die Höflichkeitsanrede mittels der 2. Person plural (*vous*) zu nennen, die unter französischen Einfluss, sich in der dt. Oberschicht durchsetzte und von dort aus auch in die Volksmundarten eindrang.[22] Die französische Kleidung, Wohnkultur, Küche und neue gesellschaftliche Umgangsformen, welche durch, das an den Höfen, um sich greifende amouröse Treiben entstanden sind, brachten insgesamt eine Reihe von Fremdwörter mit sich. Es drangen Wörter wie z.B: *Mode, Cavalier* und Anreden wie: *Monsieur, Madame,* in den allgemeinen Sprachgebrauch ein. Sogar deutsche Verwandtschaftsbezeichnungen *Vater, Mutter, Oheim, Muhme, Vetter, Base* wurden, durch entnommene französische Begrifflichkeiten wie *Papa, Mama, Onkel, Tante, Cousin, Cousine* ersetzt.[23] Es liegen Zeichen vor, welche dafür sprechen, dass diejenigen, welche sprachlich französisches Unvermögen aufwiesen, mit Begriffen wie *Parvenus* oder *Pöbel,* in Teilen der Gesellschaft verhöhnt wurden. Bis heute haben sich in den Mundarten z.T. viele französische Lehnwörter erhalten, welche in der Standardsprache längst untergegangen sind. Gegen Ende des 17. Jahrhunderts wuchs, mit der Herrschaft von Ludwig XIV. (1638-1715), Frankreichs Überlegenheit, im Vergleich zu allen zivilisierten Ländern Europas stetig an. Die Entwicklung zeichnete sich in den Bereichen des Gesellschaftsleben, der Kunst und der Wissenschaft ab. Jetzt lag die Gefahr für die deutsche Sprache

---

20 http://www.crosslingua.de/de/sprachenblog-beitrag/apropos-der-einfluss-des-franzoesischen-auf-die-deutsche-sprache

21 Geschichte der deutschen Sprache, Peter Polenz, S.100

22 Sprachgeschichte HSK 2.1, Helmut Lüdtke S.870 ff., (Svennung 1958, 386-388)

23 Geschichte der deutschen Sprache, Peter Polenz, S.100

nicht mehr in der „Sprachmengerei", sondern in der völligen Verdrängung des Deutschen aus dem gesellschaftlichen Verkehr der Gebildeten.[24]

Das Französische zählt, um die Wende des 17. und 18. Jh., nicht nur als Diplomaten- und Verhandlungssprache der gebildeten Oberschicht, sondern war selbst im einfachen Bürgertum vertreten.[25] Viele deutsche Intellektuelle registrierten ohne Widerspruch, den fremdsprachigen Einfluss. Gottfried Wilhelm Leibniz (1646-1716) hat zwar in überlegten Schriften, Vorschläge zur Erhebung der Muttersprache niedergelegt, hielt aber sein Ansehen für unzureichend, um diese zu veröffentlichen und eine Gegenströmung zur, tiefgehenden Bewegung des französischen Einfluss aussichtsreich zu führen.[26]

Voltaire (frz. Philosoph; 1694-1778) berichtete um 1750 aus Potsdam: „Ich befinde mich hier in Frankreich. Man spricht nur unsere Sprache, das Deutsche ist nur für die Soldaten und die Pferde".[27] Doch trotz des hohen Ansehens des Französischen, stieß der Fremdeinfluss in gewissen Kreisen auf Protest. So wurden Sprachgesellschaften gegründet, die sich die Pflege der Muttersprache zur Hauptaufgabe gestellt haben.

3.2 Sprachgesellschaften und die Kritik am französischen Spracheinfluss im 17.Jh.

Der Begriff „Sprachgesellschaften", wird in der Regel als Vereinigungen, von literarisch ambitionierten Gelehrten verstanden, welche die Erforschung und Förderung der eigenen Sprache und Literatur verfolgten, mit dem Ziel, sie innerhalb der globalen bzw. europäischen Literatur zu emanzipieren und neu zu beleben.[28] Am überzeugendsten repräsentiert diese Seite des literarischen Betriebs, die ein Jahr vor Aus-

---

24 Geschichte der deutschen Sprache, Peter Polenz, S.101

25 Geschichte der deutschen Sprache, Peter Polenz, S.101

26 Geschichte der deutschen Sprache, Peter Polenz, S.101

27 Geschichte der deutschen Sprache, Peter Polenz, S.102

28 Sprachgesellschaften im Deutschland des 17. Jahrhundert, Christoph Stoll S.10, List Verlag

bruch des *Dreißigjährigen Kriegs*, gegründete „*Fruchtbringende Gesellschaft*". Vorbild war die 1582 in Florenz gestiftete „*Academia della Crusca*".[29] Das autoritäre Ansehen der *Fruchtbringenden Gesellschaft* (später auch „*Palmenorden*"), wurde durch das Mitgliederverzeichnis unterstrichen. So klangvolle Namen wie: *Buchner, Schottelius, Opitz oder Rist* waren Vertreter der literarischen Vereinigung. Zusätzlich zur Fruchtbringenden Gesellschaft, sind noch weitere Organisationen, wie die „Aufrichtige Tannengesellschaft" (1633), die „Deutschgesinnten Genossenschaft" (1642) und der „Elbenschwanenorden" (1658) gegründet worden.[30] Allen Gesellschaften war die Beschäftigung mit ihrer eigenen Sprache, sei es um ihrer selbst willen, sei es in Verbindung mit Dichtung oder anderen schriftlichen Erzeugnissen gemein. Bei allen diesen Bestrebungen spielte auch der Patriotismus eine Rolle: der deutschen Sprache sollte dieselbe Achtung verschafft werden, wie den anderen Volkssprachen.[31] Diese Vereine hatten eine beträchtliche Wirkung auf die Übersetzungskunst. Die Mitglieder der Sprachgesellschaften übersetzten europäische Volkssprachen, (vor allem das Französische, Italienische und das Spanische) ins Deutsche. Eine nachhaltige Folgeerscheinung dieser Übersetzungstätigkeit war die Schaffung neuer Wörter. Manche geglückten Neologismen aus der damaligen Zeit befinden sich noch heute in Benutzung, wie z.B: (*Wörterbuch,Rechtschreibung, Wurzel*).[32] Einige dieser Gesellschaften zeichneten sich, durch einen übertriebenen Eifer in der Beseitigung, längst einheimisch gewordener Lehnwörter. Diese „Verdeutschungsbestrebungen" wurden begleitet und ergänzt durch Wiederbelebung alter deutscher Wörter und Tugenden.

---

29 Sprachgesellschaften im Deutschland des 17. Jahrhundert, Christoph Stoll S.10, List Verlag

30 Die Sprachgesellschaften des 17. Jahrhunderts, Karl F. Otto, S.9

31 Die Sprachgesellschaften des 17. Jahrhunderts, Karl F. Otto, S.9-10

32 Die Sprachgesellschaften des 17. Jahrhunderts, Karl F. Otto, S.66

4.Fremdsprachen: Gefahr für die deutsche Sprache oder Weiterentwicklung?

Ist die deutsche Sprache noch zu retten? Ist sie krank? Hat sie keine Zukunft mehr? Diese und ähnliche Fragen werden in der Öffentlichkeit diskutiert, insbesondere im Hinblick auf die sehr stark angewachsene Verwendung von Wörtern aus dem Amerikanischen und aus dem Englischen. Der frühere Bundespräsident Johannes Rau schilderte in seiner Mainzrede im Jahr 2000:

„der inflationäre Gebrauch von Amerikanismen ist oft ein Hinweis auf die Verarmung der Ausdrucksfähigkeit der eigenen Sprache.“[33] Zu fragen ist natürlich, ob die deutsche Sprache nicht auch reicher werde, indem sie Wörter aus anderen Sprachen aufnimmt und integriert. In unserer heutigen Zeit, lässt sich in Deutschland ein starkes öffentliches Interesse an Sprachrichtigkeit und Sprachidentität beobachten, diese Parallele findet man auch in den Sprachpflegern, der Sprachgesellschaften im 17. Jahrhundert. Erkennbar ist in vielen heutigen Kritiken einen appellativen und oft emotionalen Ton. Dies geht auch über meist ungeprüfte Behauptungen über das Verhalten der Deutschen hinaus, so wie hier: *„Englisch zu reden, ist für manche Berufe der leichteste Weg, sich auf ein hohes Ross zu setzen und allen Nachfragen zu entkommen."* (Konrad Adam in der FAZ).[34] Dabei werden auch oft, abwertende Begriffe oder Aussagen im Bezug zum Fremdspracheinfluss verwendet: *„[...] das Erlernen des Englischen sei nur durch das **Verlernen** des Deutschen **zu erkaufen.“*(Walter Krämer)[35] oder *„Anglizismenschwemme"*. Manchmal wird die kulturelle *„Sprachverleugnung"* der Deutschen, als Thema gennant. Doch die Sorge um sprachliche Reinheit ist keine Besonderheit unserer Zeit oder unseres Landes. Das Ideal einer reinen, schlichten und ungekünstelten Sprache, wird seit der Erfindung des Buchdrucks europaweit hochgehalten. Dieser Tatbestand

---

33 Denglisch,nein danke!, Hermann Zabel, S.8, IFB Verlag

34 http://www.detlev-mahnert.de/debatte.htm

35 http://www.detlev-mahnert.de/debatte.htm ; **Gefährden Anglizismen die deutsche Sprache?**
  Modern Talking auf Pseudo-Englisch,Von Walter Krämer

erschließt auch aus der Gründung, der unter anderem Fruchtbringenden Gesellschaft, welche das Entfernen von fremdsprachigen Einflüssen in der deutschen Sprache als eines ihrer Leitziele betrachteten. Die Klage über den Sprachverfall hat gegenwärtig nur wieder einmal Hochkonjunktur.[36] Wiederrum sind auch Meinungen <u>für</u> den Sprachwandel, in verschiedenen Ausführungen vorzufinden. Über Sprachkritiker wird, dann das Argument benutzt, ihnen fehle grundlegende Kenntniss der Sprachwissenschaften, in welchen die Rede ist, dass die Entwicklung zur heutigen deutschen Sprache, schon seit dem Anfang des Deutschen, Integrierungen von Fremdsprachen, wie das Lateinische, das Griechische und das Französische beinhaltete. Weitere Argumente gegen Kritiker des Sprachwandels sind, die weitgehende Ausblendung der Pragmatik bzw. die Ausblendung von besonderen Verwendungsweisen in bestimmten Kontexten oder die Fehlannahme, dass es möglich sei für jedes fremdsprachige Wort ein gelungenes Synonym zu finden.[37] Doch im Vergleich, zum französischen Spracheinfluss, im 17. Jh. der deutschen Sprachgeschichte, ist der moderne Einfluss des Englischen, auf den Aspekt der Wirkung neuer Medien zu betrachten, welche im vorherigen Kapitel gennant wurde. Dank der Vernetzung findet die weltweite Informationsübertragung in einem anderem Tempo statt als noch vor zehn Jahren, geschweige denn im 17. Jahrhundert. Es ist auch durchaus denkbar, dass der Zeitdruck der auf den Journalisten heutzutage lastet, in einem Verzicht auf Übersetzungen mündet. Dies ist ein neues Phänomen, welches zu Zeiten der Verbreitung des Französischen nicht relevant war. Schon die Existenz der neuen Medien unterscheidet also den fremdsprachlichen Einfluss.

---

36 Hat Deutsch eine Zukunft? Jutta Limbach, S.30, C.H. Beck Verlag

37 Linguistische Anmerkungen zu einer populären Anglizismen-Kritik. Oder: Von der notwendig erfolglos bleibenden Suche nach dem treffenderen deutschen Ausdruck1 Thomas Niehr, S.

4.1 Fazit

Die vorausgegangen Informationen sollen, einen möglichst objektiven Überblick, über den Sprachwandel aufzeigen und dem Leser dabei Spielraum für eigene Einschätzungen lassen. Unter Berücksichtigung der Beispiele, lässt sich von einem starken Einfluss des Englischen auf Deutsche reden. Auch wenn die Präsenz des Französischen, in der deutschen Sprache bemerkbar ist, so ist der Einfluss des Englischen bei weitem vielfältiger in der Ausbreitung, vor allem durch die zuletzt genannten Faktoren. Fakt ist jedoch, dass die Entwicklung einer Sprache niemals abgeschlossen ist, sondern gleichsam mit einem veränderlichen und lebendigen Organismus verglichen werden kann. Die Vielfalt der Sprache durch Wortschatzerweiterungen, kann auch als Reichtum bezeichnet werden. Dieser ist wie es die Sprachgeschichte zeigt, durch Aufspaltung und Wandel einer Sprache bedingt. Die Frage ist nur wie diese Prozesse zu bewerten sind, denn es ist schwer zu erkennen, welche Sprachveränderung, es wert ist beibehalten zu werden und wo eine Veränderung eine Bereicherung darstellt. Solche Entscheidungen lassen sich allerdings nur subjektiv rechtfertigen. Dazu kommt, dass niemand für eine Autorität bestimmt ist, zu urteilen, welche Einflüsse der Sprache Schaden und welche sie positiv erweitern können, denn die Sprache definiert sich nicht durch eine Instanz, sondern durch die Gemeinschaft, derer die die Sprache sprechen.

Doch der Aspekt in dem die größte Bedeutung besteht, gilt es immer zu betrachten: die Kommunikation und Verständigung zwischen Menschen.

Es lässt sich sagen, dass die Bedingungen für eine gelungene Kommunikation, zum einem eine situationsangemessen Sprache beinhaltet, sowie eine bewusste Wahrnehmung der Intention des Gesagten, beim Sender und Empfänger gelingt. Das Werkzeug der Sprache sollte bewusst zur Verständigung verwendet werden und dessen Auswirkungen erkannt werden. Seit ihrer Entstehung ist Sprache ein Mittel zum Austausch und gegenseitiger Verständigung. Wenn es gelingt mit Verantwortung und bewussten Umgang mit der Sprache umzugehen, in dem in besonderen Fällen individuell und aufmerksam entschieden wird welche Worte, für die Kommunikation gebraucht werden, dann wären keine Sprachgesetze notwendig und es wäre auch nicht nötig auf Anglizismen zu verzichten.

> „[...]erst die Sprache befähige den Menschen, dasjenige Lebewesen zu sein, das er als Mensch ist. Als der Sprechende ist der Mensch: Mensch."[38]

---

38 Zitat von: Wilhelm von Humboldt, aus Unterwegs zur Sprache von Martin Heideegger, S.11 (Klett-Cota)

BEI GRIN MACHT SICH IHR WISSEN BEZAHLT

- Wir veröffentlichen Ihre Hausarbeit,
  Bachelor- und Masterarbeit

- Ihr eigenes eBook und Buch -
  weltweit in allen wichtigen Shops

- Verdienen Sie an jedem Verkauf

Jetzt bei www.GRIN.com hochladen
und kostenlos publizieren